BEI GRIN MACHT SICH IHR WISSEN BEZAHLT

- Wir veröffentlichen Ihre Hausarbeit,
  Bachelor- und Masterarbeit

- Ihr eigenes eBook und Buch -
  weltweit in allen wichtigen Shops

- Verdienen Sie an jedem Verkauf

**Jetzt bei www.GRIN.com hochladen
und kostenlos publizieren**

Bibliografische Information der Deutschen Nationalbibliothek:

Die Deutsche Bibliothek verzeichnet diese Publikation in der Deutschen National-
bibliografie; detaillierte bibliografische Daten sind im Internet über http://dnb.d-
nb.de/ abrufbar.

Impressum:

Copyright © 2015 GRIN Verlag, Open Publishing GmbH
Druck und Bindung: Books on Demand GmbH, Norderstedt Germany
ISBN: 9783668209077

Dieses Buch bei GRIN:

http://www.grin.com/de/e-book/320974/modellierung-der-geschaeftsprozesse-
webshop1-mit-den-methoden-bpmn-und

Mehmet Gencsoy

Modellierung der Geschäftsprozesse WebShop1 mit den Methoden BPMN und EPK und Vergleich

GRIN Verlag

GRIN - Your knowledge has value

Der GRIN Verlag publiziert seit 1998 wissenschaftliche Arbeiten von Studenten, Hochschullehrern und anderen Akademikern als eBook und gedrucktes Buch. Die Verlagswebsite www.grin.com ist die ideale Plattform zur Veröffentlichung von Hausarbeiten, Abschlussarbeiten, wissenschaftlichen Aufsätzen, Dissertationen und Fachbüchern.

Besuchen Sie uns im Internet:

http://www.grin.com/

http://www.facebook.com/grincom

http://www.twitter.com/grin_com

Mehmet-Ali Gençsoy

GPM40 – IT-Prozess-Management

Modellierung der Geschäftsprozesse WebShop1 mit den Methoden BPMN und EPK und Vergleich der Modelle/Methoden

Assignment an der staatlich anerkannten Hochschule Stuttgart der AKAD. Die Privat-Hochschulen.

Altingen, 31. August 2015

Inhaltsverzeichnis

Abbildungsverzeichnis

1 Einleitung

Die Wichtigkeit der Informationstechnologie hat in den letzten 30 Jahren stark zugenommen. Heute ist ein erfolgreiches Unternehmen ohne eine unternehmensweite integrierte Softwarelösung zur Unterstützung der Geschäftsprozesse unvorstellbar.[1] Aufgrund von globalem Wettbewerbsdruck und zunehmender Komplexität der Geschäftsmodelle sind Unternehmen gezwungen sich vermehrt mit ihren Geschäftsprozessen auseinanderzusetzen. Die Wertschöpfungsketten der Unternehmen haben sich in den letzten Jahren immer weiter über die Unternehmensgrenzen hinweg verlängert. Die Unternehmen müssen darauf reagieren und auch dabei versuchen sich von Wettbewerbern zu distanzieren. Dazu müssen ihre Geschäftsprozesse untersucht und effizient gestaltet werden. Hierzu werden Methoden des Geschäftsprozessmanagements benötigt.[2] Zu diesen gehören auch Modellierungswerkzeuge. Mit diesen können Geschäftsprozesse dokumentiert und transparent gemacht werden. Dabei steht die Erfassung, Strukturierung und Darstellung von Arbeitsabläufen im Fokus. Mit der Geschäftsprozessmodellierung sollen Prozessabläufe so visualisiert werden, dass sowohl alle Managementebenen im Unternehmen als auch Mitarbeiter die Prozessabläufe verstehen und nachvollziehen können.[3]

Die vorliegende Arbeit hat das Ziel, die Modellierungswerkzeuge Business Process Model and Notation (BPMN) und Ereignisgesteuerte Prozesskette (EPK) im Vergleich kritisch zu bewerten. Dazu wird der Geschäftsprozess WebShop1 „Fälligkeitsprüfung", welche für dieses Assignment als Aufgabenstellung vorgegeben wurde, mit den beiden Modellierungswerkzeugen modelliert. Anschließend sollen die Methoden BPMN und EPK kritisch gegenübergestellt werden.

---

[1] Vgl. Staud, Josef: Geschäftsprozessanalyse - Ereignisgesteuerte Prozessketten und objektorientierte Geschäftsprozessmodellierung für Betriebswirtschaftliche Standardsoftware, 3. Auflage, Berlin 2006, S. 1.

[2] Vgl. Müller, Thomas: Zukunftsthema Geschäftsprozessmanagement. Eine Studie zum Status quo des Geschäftsprozessmanagements in deutschen und österreichischen Unternehmen, herausgegeben von PricewaterhouseCoopers AG 2011, S. 5.

[3] Vgl. Gaitanides, Michael; Scholz, Rainer; Vrohlings, Alwin; Raster, Max (Hrsg.): Prozeßmanagement: Konzepte, Umsetzungen und Erfahrungen des Reengineering, 13. Auflage, München 1994, S. 39 ff.

Dazu werden zunächst im zweiten Kapitel der Begriff des Geschäftsprozesses definiert und die Methoden BPMN und EPK dargestellt. Im dritten Kapitel wird der Geschäftsprozess WebShop1 nacheinander mit den Methoden BPMN und EPK modelliert. Im vierten Kapitel findet dann anhand dieser Modellierungen und unter Bezug auf einschlägige Veröffentlichungen der Vergleich der beiden Methoden statt. Abschließend werden die Ergebnisse zusammengefasst und die beiden Modellierungsansätze kritisch bewertet.

Dieses Assignment hat dabei keinen Anspruch auf Vollständigkeit. Mit dieser kurzen Arbeit kann weder die Gesamtheit der Modellierungswerkzeuge von Geschäftsprozessen betrachtet noch können die Eigenschaften von Geschäftsprozessen detailliert vorgestellt werden.

2 Definition

2.1 Geschäftsprozesse und deren Optimierung

Geschäftsprozesse werden in der umfangreichen einschlägigen Fachliteratur aus einer Vielzahl von Perspektiven dargestellt. Im Folgenden wird zuerst der Begriff des Prozesses definiert und anschließend werden der Begriff des Geschäftsprozesses erläutert und die Bedeutung der Geschäftsprozessoptimierung dargelegt.

Das Deutsche Institut für Normung (DIN) definiert einen Prozess folgendermaßen: „Ein Prozess ist ein Satz von in Wechselbeziehungen stehenden Mitteln und Tätigkeiten, die Eingaben in Ergebnisse umgestalten."[4] Die Mittel können aus Personal, Anlagen, Einrichtungen, Techniken, Methoden und Finanzen bestehen. Ein Prozess, welcher speziell der Verfolgung von Geschäftszielen dient, wird als Geschäftsprozess bezeichnet. Dabei beschreibt ein Geschäftsprozess das zentrale Geschäftsfeld sowie die Schnittstellen zu anderen Geschäftspartnern.[5] Ein Geschäftsprozess verfolgt das Ziel, einen Nutzen für den Kunden zu generieren und damit auch zum Unternehmenserfolg beizutragen.[6] Abbildung 1 verdeutlicht den Unterschied zwischen einem Prozess und einem Geschäftsprozess. Während ein Prozess alle Arten von Aktivitäten enthalten kann, erfolgen im Geschäftsprozess wertschöpfende Aktivitäten eines Unternehmens. Die unterstützenden Geschäftsprozesse, welche nicht direkt wertschöpfenden Aktivitäten zugeordnet werden können, werden hier zur Vereinfachung nicht abgebildet.

---

[4] o.V.: Norm DIN EN ISO 8402: Qualitätsmanagement, Begriffe., 1995.
[5] Vgl. Becker, Jörg; Kugeler, Martin; Rosemann, Michael (Hrsg.): Prozessmanagement: Ein Leitfaden zur prozessorientierten Organisationsgestaltung, 7. Auflage, Berlin 2012, S. 6 ff.
[6] Vgl. Hammer, Michael; Champy, James: Business Reengineering: Die Radikalkur für das Unternehmen, 7. Auflage, Frankfurt 2003, S. 43.

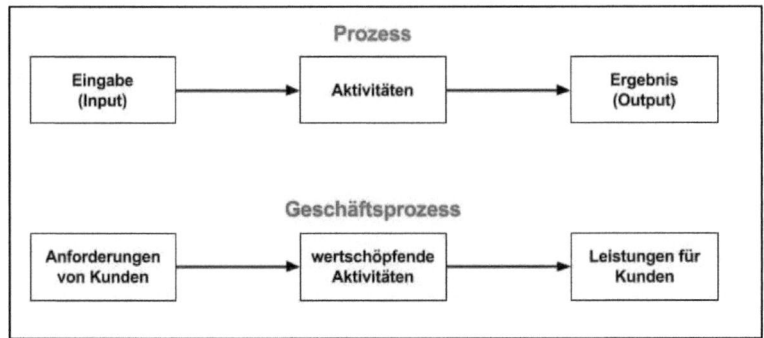

Abbildung 1: Definition von Prozess und Geschäftsprozess[7]

Mit der Optimierung der Geschäftsprozesse soll die Kundenorientierung wieder in den Mittelpunkt rücken. Dazu sollen nicht notwendige Prozesse aussortiert werden. Außerdem sollen bei einer Optimierung Durchlaufzeiten, Komplexität sowie Kosten reduziert werden. Letztlich sollen Produkte verbessert und Marktanteile sowie Umsätze erhöht werden. Eine umfassende Optimierung der Geschäftsprozesse kann einem Unternehmen entscheidende Wettbewerbsvorteile gewähren.[8]

Dies verdeutlicht die große Bedeutung der Geschäftsprozessoptimierung. Für die Optimierung von Geschäftsprozessen werden Werkzeuge eingesetzt, die Abläufe beschreiben und dokumentieren können. Zwei dieser Werkzeuge werden in den nächsten Kapiteln vorgestellt.

2.2 Ereignisgesteuerte Prozesskette (EPK)

Die Prozessmodellierungssprache EPK ist eine semiformale Sprache. Sie wurde 1992 von August-Wilhelm Scheer und dessen Mitarbeitern an der Universität des Saarlandes entwickelt. EPK ist die zentrale Komponente des ARIS-

---

[7] In Anlehnung an: Schmelzer, Herrmann; Sesselmann, Wolfgang: Geschäftsprozessmanagement in der Praxis: Kunden zufrieden stellen, Produktivität steigern, Wert erhöhen, 8., überarbeitete und erweiterte Auflage, München 2013, S. 52.
[8] Vgl. Rosenkranz, Friedrich: Geschäftsprozesse: Modell- und computergestützte Planung, 2. Auflage, Berlin 2006, S. 16 ff.

Konzeptes und des SAP-R/3-Systems. In der Praxis ist EPK weit verbreitet und dient zur Erstellung von fachlichen Prozessmodellen, obwohl sie nicht standardisiert ist.[9] Die große Verbreitung wird auf SAP zurückgeführt, da Prozesse innerhalb von SAP-Produkten mit EPK dokumentiert werden.[10]

EPK verwendet lediglich drei Grundsymbole zur Modellierung: Funktion, Ereignis und Konnektoren. Die Konnektoren sind in exklusive Verzweigung (XOR), Oder-Verzweigung (OR) und Parallelisierung (UND) zu unterscheiden. Mit der erweiterten Version der EPK können auch Organisationseinheiten, Daten und Anwendungssysteme anhand von Symbolen dargestellt werden. Über sogenannte Prozesswegweiser kann auf Teilprozesse oder nachfolgende beziehungsweise vorhergehende Prozesse verwiesen werden.[11] Abbildung 2 enthält eine Übersicht der EPK-Notationen.

---

[9] Vgl. Schmelzer, Herrmann; Sesselmann, Wolfgang: Geschäftsprozessmanagement in der Praxis: Kunden zufrieden stellen, Produktivität steigern, Wert erhöhen, 8., überarbeitete und erweiterte Auflage, München 2013, S. 475.
[10] Vgl. Freund, Jakob; Rücker, Bernd: Praxishandbuch BPMN 2.0, 4. Auflage, München 2014, S. 110.
[11] Vgl. Ebenda, S. 110 ff.

Symbol	Benennung	Bedeutung	Kanten-/Knotentyp
	Ereignis	Beschreibung eines eingetretenen Zustandes, von dem der weitere Verlauf des Prozesses abhängt	Ereignisknoten
	Funktion	Beschreibung der Transformation von einem Inputzustand zu einem Outputzustand	Aktivitätsknoten
	Logische Operatoren:		
	"exklusives oder"		Bedingungsknoten
	"oder"	Logische Verknüpfungsoperatoren beschreiben die logische Verknüpfung von Ereignissen und Funktionen	Bedingungsknoten
	"und"		Bedingungsknoten
	Anwendungssystem	Anwendungssysteme zur Prozessunterstützung (z.B. SAP)	Aktivitätsknoten
	Organisatorische Einheit	Beschreibung der Gliederungsstrukturen eines Unternehmens	Organisationsknoten
	Stelle	Elementare Untergliederung der Organisationseinheit zu der eine Stellenbeschreibung hinterlegt ist z.B. Sachbearbeiter Verkauf-Ost	Organisationsknoten
	Datenfluss	Beschreibung, eine Funktion gelesen, geschrieben oder geändert wird	Datenflusskante
	Zuordnung	Zuordnung von Ressourcen / Organisatorischen Einheiten	Zuordnungsbeziehungskante
	Prozesswegweiser	Horizontale Prozessverknüpfung	Übergangsknoten

Abbildung 2: EPK-Notationen[12]

2.3 Business Process Model and Notation (BPMN)

Der Begriff Business Process Management (BPM) stammt aus dem englischen und bedeutet übersetzt Geschäftsprozessmanagement. BPM ist ein Ansatz dafür, Geschäftsprozesse zu managen. BPM bietet einen systematischen Ansatz zur Optimierung von Geschäftsprozessen und unterstützt Unternehmen dabei, ihre Geschäftsziele flexibel, schnell und effizient zu erreichen. Dazu wird festgelegt, wie Geschäftsprozesse erfasst und dokumentiert werden sollen. Außerdem wird die Vorgehensweise bei der Überwachung und Steuerung von automatischen und nicht automatischen Abläufen vorgegeben. Mittels BPM sollen nicht nur einzelne Tätigkeiten, sondern der gesamte Prozess als Ganzes („end to end") betrachtet sowie in seiner Gesamtheit optimiert werden.[13] Dazu wird das Werkzeug BPMN benötigt, mit dem standardisierte grafische Prozessnota-

---

[12] Wolters, Matthias; Kaschny, Martin: Geschäftsprozessmanagement in KMU: Dargestellt anhand der Auftragsabwicklung in der Gebäudetechnik, 1. Auflage, Köln 2010, S. 39.
[13] Vgl. Freund, Jakob; Rücker, Bernd: Praxishandbuch BPMN 2.0, 4. Auflage, München 2014, S. 1 ff.

tionen möglich sind. Dieses Werkzeug soll dann auch für die notwendige Prozessautomatisierung verwendet werden.[14] Im folgenden Abschnitt wird BPMN, welches innerhalb von BPM-Projekten verwendet wird, vorgestellt.

BPMN ist eine formale Modellierungssprache. Sie wurde 2001 von Stephan White, einem IBM-Mitarbeiter, entwickelt und 2004 von der Business Process Management Initiative (BPMI) aufgenommen. Seit 2005 wird sie von der Object Management Group (OMG) gepflegt und weiterentwickelt. Mit BPMN ist sowohl fachliche als auch technische Prozessmodellierung möglich. Die OMG hat BPMN 2006 standardisiert.[15] Mit der Standardisierung wurde BPMN sehr weit verbreitet. Viele Unternehmen sind auf BPMN umgestiegen. Hauptvorteile der Standardisierung für Unternehmen sind die Unabhängigkeit von bestimmten BPM-Tools, eine bessere Kommunikation mit Geschäftspartnern, der Umstand, dass neue Mitarbeiter höchstwahrscheinlich BPMN-Prozessmodelle kennen und dass stets Investitionen in diesem Bereich getätigt werden.[16]

Bei der Prozessmodellierung mittels BPMN werden unterschiedliche Symbole verwendet, die sich in fünf Kategorien einteilen lassen: Flussobjekte, Verbindende Objekte, Artefakte, Teilnehmer und Daten. Alle Aktivitäten, Ereignisse und Bedingungen (Gateways) werden unter der Kategorie Flussobjekte zusammengefasst. Die Flussobjekte werden, sofern sie sich innerhalb einer Lane bewegen, mittels eines Sequenzfluss-Objektes verbunden. Ansonsten muss ein Nachrichtenfluss-Objekt verwendet werden. Artefakte liefern zusätzlich wichtige Informationen zum Prozess. Hierbei können auch unternehmenseigene Symbole eingesetzt werden. Artefakte können nur mittels Assoziationen mit den Flussobjekten verbunden werden. Die Erzeugung, Verarbeitung und Speicherung von Informationen innerhalb eines Prozesses wird anhand von Datenobjekten

[14] Vgl. Ebenda, S. 8.
[15] Vgl. Schmelzer, Herrmann; Sesselmann, Wolfgang: Geschäftsprozessmanagement in der Praxis: Kunden zufrieden stellen, Produktivität steigern, Wert erhöhen, 8., überarbeitete und erweiterte Auflage, München 2013, S. 475.
[16] Vgl. Freund, Jakob; Rücker, Bernd: Praxishandbuch BPMN 2.0, 4. Auflage, München 2014, S. 10.

visualisiert.[17] Abbildung 3 stellt die Basiselemente von BPMN in einer Übersicht dar.

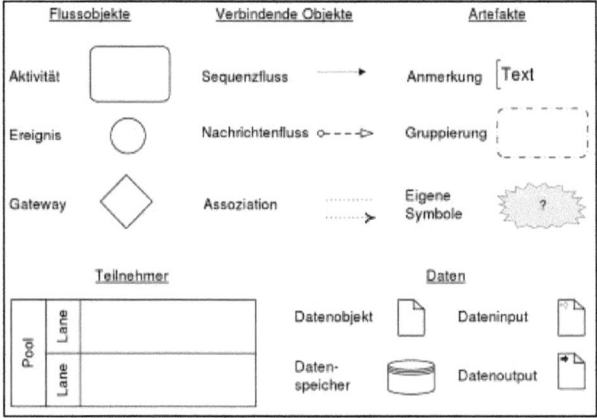

Abbildung 3: Die Basiselemente der BPMN[18]

[17] Vgl. Freund, Jakob; Rücker, Bernd: Praxishandbuch BPMN 2.0, 4. Auflage, München 2014, S. 23 ff.
[18] Ebenda, S. 23.

3 Geschäftsprozess WebShop1

3.1 Aufgabenstellung

In diesem Kapitel wird zuerst die Aufgabenstellung vorgestellt. Dazu wird der zu modellierende Prozess WebShop1 verbal beschrieben. Anschließend wird er mit EPK und BPMN modelliert.

Die Aufgabenstellung WebShop1 erfordert, den Geschäftsprozess der Fälligkeitsprüfung zu modellieren. Im Geschäftsprozess Fälligkeitsprüfung werden Rechnungen identifiziert, deren Zahlungsziel abgelaufen ist. Diese Prüfung ist automatisiert (d. h., sie erfolgt durch ein Programm) findet täglich ab 3:00 Uhr statt. Dazu werden die entsprechenden Daten im Finanzwesen gelesen. Zuerst wird geprüft, ob nicht bezahlte („offene") Rechnungen vorliegen, was in der Regel der Fall ist. Sollten keine nicht bezahlten Rechnungen vorliegen, beendet das Programm seine Aktivitäten.

Dafür, dass Rechnungen nicht bezahlt wurden, gibt es drei Ursachen:
- ein laufendes Widerspruchsverfahren (Status der Rechnung: „Widerspruch"),
- das Zahlungsziel ist noch nicht erreicht (Status: „Erinnerung", „Mahnung" etc.),
- das Zahlungsziel ist überschritten.

Liegen also nicht bezahlte Rechnungen vor, wird für jede geprüft, ob die Zahlungsfrist abgelaufen ist oder ob eine der zwei anderen möglichen Ursachen besteht. Handelt es sich tatsächlich um eine abgelaufene Zahlungsfrist, erhält die Rechnung den Status „nicht bezahlt" und wird dem Mahnprozess übergeben.

Für das Controlling wird außerdem festgehalten, wie viele Rechnungen zu jedem Typ nicht bezahlter Rechnungen gehören, bei wie vielen also ein Widerspruchsverfahren läuft, bei wie vielen das Zahlungsziel noch nicht erreicht ist und bei wie vielen das Zahlungsziel überschritten ist. Diese drei Werte werden, falls sie nicht null sind, dem Controlling automatisiert durch eine E-Mail mitgeteilt.[19]

3.2 Modellierung mit EPK

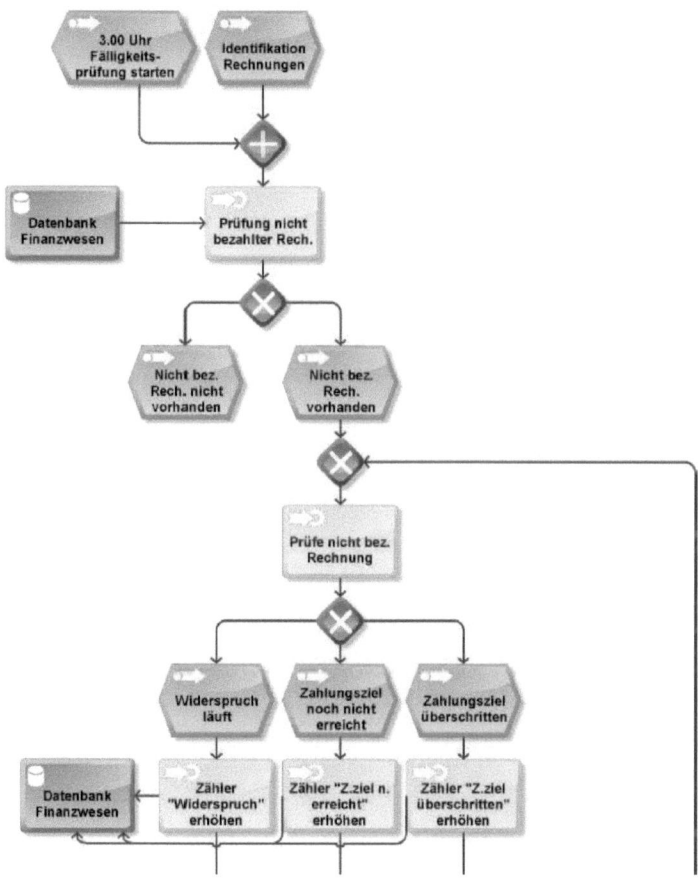

---

[19] Aufgabenstellung wurde aus Modul GPM40 der AKAD University übernommen.

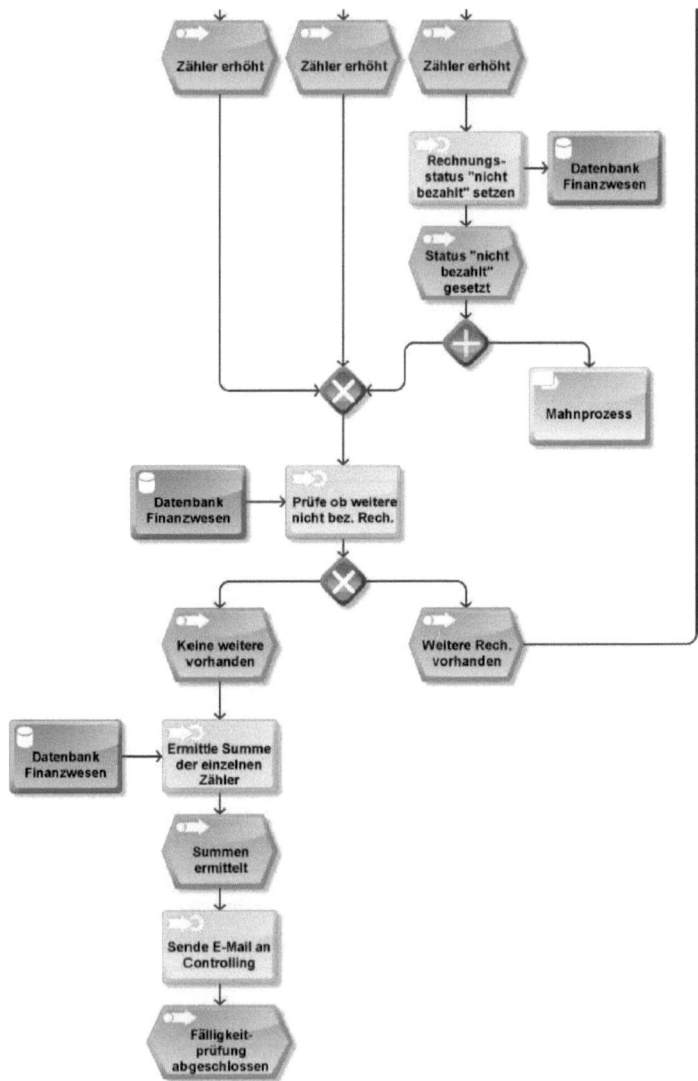

Zähler erhöht   Zähler erhöht   Zähler erhöht

Rechnungs-status "nicht bezahlt" setzen → Datenbank Finanzwesen

Status "nicht bezahlt" gesetzt

Mahnprozess

Datenbank Finanzwesen → Prüfe ob weitere nicht bez. Rech.

Keine weitere vorhanden   Weitere Rech. vorhanden

Datenbank Finanzwesen → Ermittle Summe der einzelnen Zähler

Summen ermittelt

Sende E-Mail an Controlling

Fälligkeit-prüfung abgeschlossen

3.3 Modellierung mit BPMN

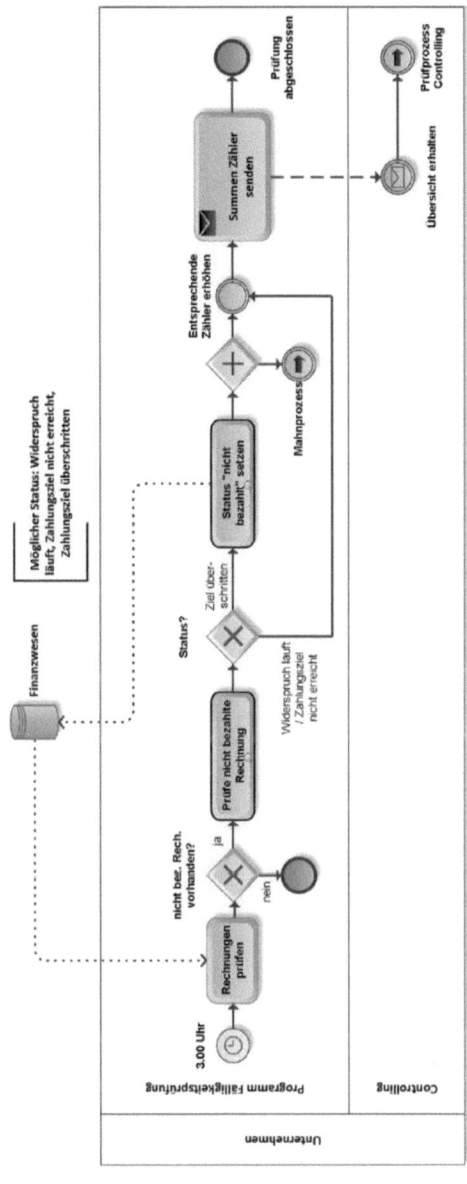

4 EPK und BPMN im Vergleich

Die einfache, intuitive Funktionsweise der EPK-Modellierung verdeutlicht, dass EPK für die Zwecke der Prozessdokumentation entwickelt wurde. Dabei zeigt die EPK-Modellierung eine hohe Interpretierbarkeit sowie Verständlichkeit. Damit können auch Mitarbeiter, welche keine Kenntnisse in Modellierungstechniken haben, EPK Modelle interpretieren. Im Gegensatz dazu erlaubt es BPMN auch, komplexe Prozesse anschaulich darzustellen. Durch den Einsatz von Pools und Lanes lassen sich auch organisationsübergreifende Prozesse sehr übersichtlich darstellen.

An der Leipziger Hochschule für Technik, Wirtschaft und Kultur wurde 2008 eine empirische Studie durchgeführt, in der EPK und BPMN verglichen wurden. Dabei absolvierten 18 Studenten, welche bisher keinerlei Erfahrung mit Prozessmodellierung hatten, einen intensiven Einführungskurs für beide Modellierungswerkzeuge und sollten anschließend die Werkzeuge nutzen, um Prozesse zu modellieren. Nach der Modellierung wurden Bewertungsfragen gestellt, die mit Schulnoten zu beantworten waren.[20] Die folgenden Abbildungen 4 und 5 stellen die Ergebnisse dar.

Frage1: Wie kommen Sie mit der Umsetzung eines Textes in ein Business-Modell zurecht?

	1	2	3	4	5	6	Ø
EPK	1	11	4	2	0	0	2,61
BPMN	1	7	5	4	1	0	2,72

Abbildung 4: Vergleich EPK und BPMN: Frage 1[21]

---

[20] Vgl. Steudel, Isabelle; Städter, Nico: Prozessmodellierung in BPMN und EPK, In: http://www.wi.htwk-leipzig.de/fileadmin/fbwiwi/Wirtschaftsinfo/win_meeting/win_meeting_2008_pdfs/WINTreffen2008StaeSteu.pdf Abrufdatum: 23.08.2015.
[21] Aus Ebenda.

Frage 2: Wie wird Ihrer Meinung nach die Realität eines Prozesses in einem Business-Modell widergespiegelt?

	1	2	3	4	5	6	∅
EPK	4	8	6	0	0	0	2,11
BPMN	3	6	6	2	1	0	2,56

Frage 3: Mit welchem Modell kommen Sie besser zurecht?

EPK	12	= 67%
BPMN	6	

Abbildung 5: Vergleich EPK und BPMN: Frage 2 und 3[22]

Außerdem wurden die Ergebnisse der Modellierung mit Punkten auf ihre Richtigkeit bewertet sowie die benötigte Zeit gemessen. Die Ergebnisse dieser Untersuchung wird in Abbildung 6 zusammengefasst.

	durchschnittliche Punktzahl	Durchschnittszeit
EPK	13,69	10,39
BPMN	15,89	7,88

Abbildung 6: Punktzahl und benötigte Zeit[23]

Aus dieser Befragung wird ersichtlich, dass EPK als übersichtlicher, logischer und einfacher anwendbar als BPMN bewertet wird. Bei der abschließenden Bewertung der Ergebnisse liegt BPMN sowohl bei der Punktzahl als auch bei der benötigten Durchschnittszeit vor EPK. Das Ergebnis ist damit zwiespältig.

---

[22] Aus Steudel, Isabelle; Städter, Nico: Prozessmodellierung in BPMN und EPK, In: http://www.wi.htwk-leipzig.de/fileadmin/fbwiwi/Wirtschaftsinfo/win_meeting/win_meeting_2008_pdfs/WINTreffen2008StaeSteu.pdf Abrufdatum: 23.08.2015.
[23] Aus Ebenda.

Während mit BPMN bessere Ergebnisse erzielt werden, wird es subjektiv als unübersichtlicher empfunden als EPK. Die höhere Punktzahl und auch die kürzere Modellierungszeit begründen sich mit der stringenteren Modellierungsmethode des BPMN. BPMN verringert mit den vorgesehenen Pools und Lanes Modellierungsfehler. Die Ergebnisse der empirischen Analyse können trotzdem keine eindeutige Empfehlung dafür begründen, welchem Modellierungswerkzeug der Vorrang zu geben ist. Beide Modellierungswerkzeuge werden mittelfristig parallel in der Praxis verwendet werden. Langfristig wird sich ein Modellierungswerkzeug durchsetzen. Daher empfiehlt es sich, die Weiterentwicklung der Modellierungssprachen sowie deren Anwendung aktiv weiter zu beobachten.

5 Kritische Würdigung

Im Rahmen dieser Arbeit erfolgte die Modellierung des Prozesses WebShop1 mit EPK und BPMN in Kapitel 3. Die dafür notwendigen Grundlagen wurden in Kapitel 2 erläutert. Eine weitere Aufgabenstellung war der Vergleich der beiden Modellierungsmethoden EPK und BPMN. Dieser Vergleich wurde im Kapitel 4 durchgeführt. Damit lässt sich keine der beiden Modellierungswerkzeuge eindeutig bevorzugen. Je nach Anwendungsszenario kann sich jedoch ein Modellierungswerkzeug besser eignen. Zum Beispiel kann sich EPK dann gut eignen, wenn die Prozesse wenig komplex und die Mitarbeiter, die die Modellierung durchführen, nicht gründlich in den Modellierungstechniken ausgebildet sind. Bei Prozessen, welche sich über mehrere Abteilungen und sogar Unternehmen hinweg verteilen, sollte BPMN eingesetzt werden. Damit können die Abläufe besser den einzelnen Abteilungen oder Unternehmen zugeordnet sowie übersichtlicher dargestellt werden. Bei größeren BPM Projekten kann auch eine Vorgehensweise gewählt werden, wobei beide Modellierungswerkzeuge eingesetzt werden. Bei der Aufnahme des Prozesses mit den entsprechenden Fachabteilungen eignet sich EPK besser aufgrund ihrer leichteren Interpretierbarkeit. Anschließend kann dann ein geschultes Personal die EPK Modelle in BPMN überführen. Mit dieser Vorgehensweise der doppelten Modellierung können weitere Optimierungsmöglichkeiten aufgedeckt werden.

Literaturverzeichnis

Becker, Jörg; Kugeler, Martin; Rosemann, Michael (Hrsg.):
Prozessmanagement: Ein Leitfaden zur prozessorientierten
Organisationsgestaltung, 7. Auflage, Berlin 2012.

Freund, Jakob; Rücker, Bernd:
Praxishandbuch BPMN 2.0, 4. Auflage, München 2014.

Gaitanides, Michael; Scholz, Rainer; Vrohlings, Alwin; Raster, Max (Hrsg.):
Prozeßmanagement: Konzepte, Umsetzungen und Erfahrungen des
Reengineering, 13. Auflage, München 1994.

Hammer, Michael; Champy, James:
Business Reengineering: Die Radikalkur für das Unternehmen, 7. Auflage,
Frankfurt 2003.

Müller, Thomas:
Zukunftsthema Geschäftsprozessmanagement. Eine Studie zum Status quo
des Geschäftsprozessmanagements in deutschen und österreichischen
Unternehmen, herausgegeben von PricewaterhouseCoopers AG 2011.

o.V.:
Norm DIN EN ISO 8402: Qualitätsmanagement, Begriffe., 1995.

Rosenkranz, Friedrich:
Geschäftsprozesse: Modell- und computergestützte Planung, 2. Auflage, Berlin
2006.

Schmelzer, Herrmann; Sesselmann, Wolfgang:
Geschäftsprozessmanagement in der Praxis: Kunden zufrieden stellen,
Produktivität steigern, Wert erhöhen, 8., überarbeitete und erweiterte Auflage,

München 2013.

Staud, Josef:

Geschäftsprozessanalyse - Ereignisgesteuerte Prozessketten und objektorientierte Geschäftsprozessmodellierung für Betriebswirtschaftliche Standardsoftware, 3. Auflage, Berlin 2006.

Steudel, Isabelle; Städter, Nico:

Prozessmodellierung in BPMN und EPK, In: http://www.wi.htwk-leipzig.de/fileadmin/fbwiwi/Wirtschaftsinfo/win_meeting/win_meeting_2008_pdfs /WINTreffen2008StaeSteu.pdf Abrufdatum: 23.08.2015.

Wolters, Matthias; Kaschny, Martin:

Geschäftsprozessmanagement in KMU: Dargestellt anhand der Auftragsabwicklung in der Gebäudetechnik, 1. Auflage, Köln 2010.